DEVENEZ UN NEGOCIATEUR QUI GAGNE

Stratégies et tactiques efficaces pour jouer « gagnant »

Robert B. Maddux

LES PRESSES DU MANAGEMENT
103, boulevard Murat
75016 PARIS

Devenez un négociateur qui gagne

Si vous souhaitez être informé de nos publications, il vous suffit de nous envoyer votre carte de visite à l'adresse suivante :

Les Presses du Management
Service Clientèle
7, rue de Malte
75011 Paris
Tél. (1) 40.21.67.59   Fax (1) 48.05.71.51

Maquette : François Leprince
Titre original : Successful Negociation, Maddux, Robert B.
© Crisp Publications Inc. 1988
© Traduction française : Les Presses du Management 1995
Traduit de l'Américain par Max Gorins
ISBN 2-87845-248-8 1995
Edition Originale 0-931961-09-2

Avant-propos

Négocier est un talent individuel et fondamental qui peut s'apprendre Ceux qui s'occupent d'affaires commerciales ou qui participent à la vie publique utilisent de façon régulière l'art de la négociation; et pourtant, ces mêmes personnes l'oublient souvent dans leur vie de tous les jours. Chacun a besoin de savoir négocier et ce livre aidera ceux qui ont peur de se lancer dans ce processus, ou qui sont trop intimidés pour essayer.

Devenez un négociateur qui gagne présente les concepts applicables à toutes les situations où on peut faire appel à la méthode de la négociation pour résoudre les problèmes en jeu. Ceux qui maîtrisent l'art de la négociation efficace économisent de l'argent, économisent du temps, et parviennent à un très haut degré de satisfaction de leurs besoins. Les négociateurs talentueux ne disent pas « si j'avais su ».

Une simple lecture vous mettra dans la bonne direction. Mais faire les divers exercices et suivre les méthodes proposées peut être une étape significative pour « maîtriser le stress ».

Bonne chance !

Robert B. Maddux

Au lecteur

Félicitations pour l'achat de ce livre !

Dans une heure environ, vous en aurez suffisamment appris sur les principes de la négociation pour récupérer de nombreuses fois votre dépense.

Nous allons vous encourager à faire un certain nombre d'exercices qui fournissent l'occasion de mettre en application les concepts présentés. Il vous sera aussi donné de faire votre propre analyse afin d'identifier vos forces et vos faiblesses de négociation.

Il ne dépend que de vous de bien apprendre et d'être vraiment capable de mettre comme il faut ces idées en pratique : il vous suffit de lire ce livre avec soin, et de vous entraîner à pratiquer d'une manière bien réfléchie les principes présentés.

Bonne chance !

Robert B. Maddux

Le Livre

Devenez un négociateur qui gagne n'est pas comme la plupart des livres. Son format "unique" encourage le lecteur à s'impliquer personnellement. Destiné à être "lu avec un crayon", il comporte des exercices, méthodes, évaluations et études de cas en abondance qui invitent à participer.

L'objectif de ce livre est d'aider tout un chacun à développer un plan d'action personnel pour améliorer la qualité de son bien-être émotionnel ; puis de procéder à tout changement de comportement nécessaire pour appliquer à la situation unique de chacun les concepts présentés dans cet ouvrage.

Devenez un négociateur qui gagne (et les autres titres de la collection 50 minutes pour réussir) peut-être utilisé efficacement de différentes façons. En voici quelques-unes :

– *Travail individuel.* Comme il s'agit d'un ouvrage d'auto-formation, tout ce dont on a besoin, c'est d'un endroit tranquille, d'un peu de temps et d'un stylo. En suivant les méthodes et en accomplissant les exercices, le lecteur recevra non seulement une information de valeur, mais aussi des idées pratiques sur les étapes du développement personnel.

– *Ateliers et séminaires.* Ce livre est idéal pour une lecture préalable à un atelier ou un séminaire. Une fois les bases bien assimilées, la qualité de la participation sera renforcée et on pourra passer plus de temps en cours de programme sur des concepts d'extension et d'application. Ce livre est également efficace s'il est distribué au début d'une session.

– *Formation à distance.* Des exemplaires peuvent être envoyés à ceux qui ne peuvent assister aux sessions de formation "maison".

– *Groupes d'étude informels.* Grâce à son format, sa brièveté et son prix modéré, ce livre est idéal pour étudier pendant les pauses ou en groupes informels.

Il y a de nombreuses autres possibilités, tout dépend des objectifs de l'utilisateur. Une chose est sûre : même après avoir été lu, ce livre constituera un excellent matériel de référence que l'on pourra facilement revoir. Bonne chance !

Table des matières

Avant de commencer ce livre, réfléchissez à vos objectifs.

Les objectifs nous permettent de savoir où nous allons, de définir ce que nous projetons d'accomplir, et ils nous donnent un sentiment de satisfaction lorsque nous les atteignons.

Cochez sur la page suivante les objectifs qui sont importants pour vous. Ensuite, quand vous aurez fini le livre, revoyez vos objectifs et vous ressentirez la satisafaction du devoir accompli.

**Des objectifs importants
pour le lecteur**

Quels objectifs voulez-vous atteindre ?

Lorsque j'aurais fini ce livre, j'espère :

❏ identifier plus facilement les occasions de négocier

❏ comprendre combien il est important de déterminer ce dont j'ai besoin, par rapport à ce que je veux

❏ savoir reconnaître pourquoi une préparation complète est essentielle *avant* d'entamer une négociation

❏ me souvenir de la nature séquentielle de la négociation et pourquoi chaque étape est importante

❏ savoir employer une diversité de stratégies et de tactiques de négociation qui correspondront à mes besoins

❏ entamer confiant une négociation avec une philosophie gagnant/gagnant.

Qu'est-ce que la négociation ?

Vous allez vous impliquer dans une brève étude des principes de la négociation. Ce sujet vous intéresse puisque vous lisez ce livre. Vous voulez sans doute en apprendre plus sur la négociation ou comment devenir un négociateur plus talentueux. Commençons par comparer quelques-unes de vos idées avec celles de l'auteur.

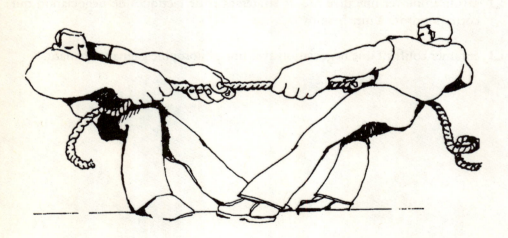

Qu'est-ce que la négociation ? (suite)

VOS IDEES

1. Ecrivez ci-dessous ce que le mot « négociation » signifie pour vous.

_____

_____

_____

_____

2. Qu'est-ce qui déclenche la négociation entre les entreprises, les groupes et/ou les individus ?

_____

_____

_____

_____

3. La plupart des gens négocient :

❑ Très rarement

❑ Presque tous les jours

❑ Quelques rares fois par an

Reportez-vous maintenant à la page suivante et comparez vos façons de penser avec celles de l'auteur.

Comparez les idées

Qu'est-ce que la négociation ? (suite)

La plupart des gens pensent que les marchandises ont un prix fixe et qu'il serait déplacé d'essayer de marchander un meilleur prix. Et pourtant les trois quart de la population mondiale achètent et vendent les marchandises sans prix fixe. La valeur des biens est déterminée par la négociation entre l'acheteur et le vendeur.

Le prix n'est pas la seule variable d'une négociation. Il faut également prendre en compte le taux d'intérêt, la date de livraison, la taille, la qualité, la quantité, la couleur, la garantie et le service.

Tout aspect d'une transaction qui ne vous satisfait pas pleinement vaut la peine d'être négocié.

La négociation
Quelques définitions pratiques

Voici quelques définitions reconnues de la négociation :

1. Toutes les fois que nous essayons d'influencer quelqu'un en échangeant des idées ou quelque chose qui a une valeur matérielle, nous négocions. *La négociation est le processus que nous utilisons pour satisfaire nos besoins lorsque quelqu'un d'autre détient ce que nous voulons.* Chaque souhait que nous aimerions voir s'accomplir, chaque besoin que nous nous sentons obligés de satisfaire sont des situations potentielles de négociation. On associe souvent d'autres termes à ce processus : marchandage, discussion, échange, transaction ou troc.

2. La négociation se produit normalement entre les entreprises, les groupes ou les individus *parce que l'un a quelque chose que l'autre veut et que ce dernier est prêt à faire une transaction pour l'obtenir.*

3. Nous sommes pour la plupart constamment mêlés à des négociations à un degré ou un autre. Par exemple : quand des gens se rencontrent pour signer des contrats, pour acheter ou vendre quelque chose, résoudre des différents, prendre des décisions en commun, ou se mettre d'accord sur des programmes de travail. Même le fait de décider où prendre un repas revient à utiliser le processus de négociation.

Danger

Attention au danger de vous trouver pris dans une négociation sans en être conscient. Si ceci se produit, vous ne serez pas capable d'en tirer le meilleur parti pour vous-même. Si vous n'avez pas considéré la transaction comme une négociation et que vous n'êtes pas préparé, il est très probable que les résultats vous seront moins favorables qu'ils auraient pu l'être.

Identifier les occasions de négociation

Bien des gens ratent l'occasion de faire une transaction plus favorable parce qu'ils ne savent pas reconnaître l'occasion de négocier. Ratez-vous des occasions ? Testez-vous à la page suivante.

Identifier les occasions de négociation (suite)

Voici une liste de transactions typiques. Veuillez cocher celles qui vous donnent l'occasion d'améliorer votre position par la négociation.

- ❏ *1.* Acheter un appareil dans un magasin.
- ❏ *2.* Décider en famille quel film voir.
- ❏ *3.* Obtenir une augmentation.
- ❏ *4.* Sélectionner un entrepreneur pour construire une nouvelle maison.
- ❏ *5.* Trouver une date effective pour le transfert d'un employé.
- ❏ *6.* Décider d'une date pour la prochaine réunion de votre groupe d'étude.
- ❏ *7.* S'accorder sur les dates limites réalistes pour un projet.
- ❏ *8.* Acheter des plantes pour votre nouvelle roseraie.
- ❏ *9.* Décider qui utilisera le cabriolet pour le week-end.
- ❏ *10.* Se mettre d'accord avec les syndicats pour modifier les règles de travail.

Etablissez ci-dessous la liste d'autres situations de négociation où vous pouvez vous-même vous trouver :

_____

_____

_____

_____

_____

Etes-vous bien préparé pour traiter ces situations comme il faut ?

RÉPONSE. Attribuez-vous la note maximum si vous avez coché les 10 sujets. Tout est négociable ! Il ne tient qu'à vous de prendre ou non cette réalité en compte. Cela demande parfois du courage et des efforts. Il faut que vous sachiez ce à quoi vous voulez parvenir et ce dont vous voulez bien vous contenter. Vous devez aussi savoir ce que vous acceptez d'abandonner pour obtenir ce que vous voulez.

Désaccord et conflit

L'IMPORTANCE DE L'ATTITUDE ENVERS LE DESACCORD ET LE CONFLIT

Les négociateurs à succès ont une attitude positive. Ils savent considérer un conflit comme normal et constructif. Les compétences qu'ils utilisent pour résoudre les conflits ne sont pas « magiques ». Elles peuvent s'apprendre. Ces compétences, quand on les a apprises, donnent le courage et la confiance nécessaires pour affronter les autres et amorcer une négociation positive. La compréhension des compétences de négociation nous aide également lorsque nous sommes défiés à notre tour.

Contrôlez sur la page suivante votre attitude envers le désaccord et le conflit.

Attitude

Ma réaction au désaccord et au conflit

Voici plusieurs énoncés de réactions personnelles au désaccord et au conflit. Entourez le nombre qui vous décrit le mieux. Plus il est élevé, plus vous êtes d'accord avec l'énoncé. Quand vous aurez fini, totalisez les nombres que vous avez entourés et inscrivez le résultat à l'endroit prévu.

	Fortement d'accord					Modérément d'accord			
Discuter un prix ou rechercher une meilleure transaction que ce qu'on m'offre ne me gêne pas.	10 9 8 7				6 5 4		3	2	1
Je n'ai rien à perdre à rechercher un marché si je le fais de façon raisonnable.	10 9 8 7				6 5 4		3	2	1
Les conflits font partie de la vie et je m'efforce de tout faire pour les résoudre.	10 9 8 7				6 5 4		3	2	1
Le conflit est positif car il m'oblige à examiner mes idées avec soin.	10 9 8 7				6 5 4		3	2	1
Pour résoudre le conflit, j'essaie de prendre en compte les besoin de l'autre personne.	10 9 8 7				6 5 4		3	2	1
Le conflit apporte souvent des solutions meilleures aux problèmes.	10 9 8 7				6 5 4		3	2	1
Le conflit stimule ma réflexion et aiguise mon jugement.	10 9 8 7				6 5 4		3	2	1
La pratique du conflit m'a appris que le compromis n'est pas signe de faiblesse.	10 9 8 7				6 5 4		3	2	1
Un conflit résolu de façon satisfaisante renforce souvent les relations.	10 9 8 7				6 5 4		3	2	1
Le conflit permet de mettre à l'épreuve sa propre manière de voir.	10 9 8 7				6 5 4		3	2	1

Total général _____

Si vous avez obtenu 80 ou plus, vous avez une attitude réaliste envers le conflit et vous semblez désireux d'œuvrer à le résoudre.

Si vous avez entre 50 et 79, vous traitez relativement bien le conflit, mais il vous faut travailler à l'aborder d'une manière plus positive.

Si votre score est inférieure à 50, il faut d'abord que vous compreniez pourquoi, et qu'ensuite vous travailliez sérieusement pour apprendre les techniques de résolution des conflits. Lorsque vous aurez fini ce livre, vous souhaiterez sans doute recommencer cet exercice.

L'importance de l'attitude dans la négociation

Notre attitude est toujours importante, et ceci est particulièrement vrai dans la négociation. Les *attitudes* influencent nos objectifs et les objectifs déterminent notre façon de négocier. Notre façon de négocier détermine le résultat.

Pensez-vous à vos objectifs quand vous négociez ? Prenez-vous en compte ceux de l'autre partie ? Pouvez-vous gagner tous les deux ?

Passez à la page suivante et comparez vos réflexions avec celles de l'auteur.

Acquérir une philosophie de négociation gagnant/gagnant

Chaque partie présente à une négociation veut gagner. Les négociations réussies se terminent en apportant aux deux parties ce dont elles ont besoin. Toutes les fois qu'un négociateur aborde la discussion avec l'idée « je dois gagner et je ne me soucie pas du tout de l'autre partie », le désastre n'est pas loin.

Le concept de négociation gagnant/gagnant ne se fonde pas simplement sur des considérations morales. La partie qui termine une négociation avec le sentiment de s'être fait avoir peut essayer de se rattraper plus tard.

Négocier gagnant/gagnant signifie simplement faire des « affaires saines ». Lorsque les parties prenantes à un accord sont satisfaites du résultat, elles travaillent à sa réussite, pas à son échec. Elles seront également désireuses de travailler ensemble à l'avenir. Vous vous demandez peut-être « comment puis-je sortir vainqueur d'une négociation si je permets à l'autre partie de satisfaire aussi ses besoins » ? La réponse à cette question est que des gens différents ont des besoins différents. Combien de personnes ont exactement les mêmes besoins que vous ?

Réfléchissez une minute, puis tournez la page pour vérifier votre raisonnement auprès de l'auteur.

La négociation gagnant/gagnant est possible car…

Les individus, les groupes, les organisations ou les nations qui entament des négociations ont tous des raisons de négocier. Comme ces raisons sont spécifiques aux parties concernées et comme chaque partie attache une valeur différente à ses désirs et à ses besoins, il est généralement possible qu'il y ait un échange où chacun puisse obtenir ce qui est à ce moment-là le plus important à ses yeux.

Dans une négociation réussie, ce qu'un négociateur obtiendra aura à ses yeux une plus grande valeur que ce qu'il donnera en échange. Les deux parties peuvent gagner ; peut-être auraient-elles espéré plus, mais elles finissent satisfaites.

Nul ne l'a mieux exprimé que Benjamin Franklin :

> « Il n'y aurait pas d'affaires si elles n'étaient pas avantageuses pour les parties en cause. Bien sûr, il vaut mieux faire la meilleure affaire possible que sa position permette. Il n'y a rien de pire que de ne pas conclure un accord à cause d'un trop grand appétit, et qu'une affaire qui aurait pu être avantageuse pour les deux parties ne se fasse pas du tout. »

POUR NEGOCIER GAGNANT/GAGNANT, IL FAUT POSSEDER DES CARACTERISTIQUES BIEN RECONNAISSABLES.

Dans la liste ci-dessous, cochez celles que vous avez déjà.

❏ *1.* J'ai une attitude gagnant/gagnant.

❏ *2.* Je prends un intérêt authentique aux besoins de l'autre partie.

❏ *3.* Je suis souple dans mon approche et désireux de faire quelques concessions pour avoir ce que je veux.

❏ *4.* Je suis coopératif.

❏ *5.* Je comprends l'importance dans la négociation du principe donner/obtenir.

Le principe de négociation donner/obtenir

Pour certains, le mot compromis a un sens négatif. Pour d'autres, il décrit la vie de tous les jours où nécessairement on donne et on prend. Normalement, il n'est pas possible d'avoir quelque chose pour rien. Il semble qu'il y ait toujours un coût ou qu'il faille faire une concession pour obtenir ce que l'on veut. Le mot compromis signifie simplement faire ou recevoir des concessions.

Passez à la page suivante pour voir comment fonctionne le principe donner/ obtenir.

Le principe de négociation donner/obtenir (suite)

LES FAÇONS FONDAMENTALES D'ABORDER UNE NEGOCIATION

	Partie A	**Partie B**
Formule 1	*Donner/obtenir*	*Donner/obtenir*

Les deux parties veulent bien donner quelque chose pour obtenir ce qu'elles veulent et elles entament la négociation avec ce plan en tête. L'étendue et le moment du compromis sont les détails à mettre au point. Cette formule a le plus fort potentiel de réussite.

Formule 2	*Donner/obtenir*	*Obtenir/donner*

La formule 2 a également de bonnes chances de réussite car les deux côtés comprennent qu'un bon accord requiert à la fois de donner et d'obtenir. Une partie veut bien donner à condition d'avoir quelque chose en retour. L'autre partie donnera après avoir reçu. La difficulté dans cette formule provient de ce que celui qui obtient peut décider de voir combien il peut obtenir sans rien donner en retour. Si celui qui obtient va trop loin ou attend trop longtemps pour renvoyer la balle, celui qui donne peut décider d'annuler les concession qu'il a faites et les parties risquent de se retrouver dans l'impasse.

Formule 3	*Obtenir/donner*	*Obtenir/donner*

Dans cette formule, les deux parties viennent négocier avec l'idée de ne rien donner avant de recevoir. Elles se retrouveront rapidement dans une impasse et y resteront à moins que l'une ne consente à prendre le risque de donner pour obtenir. Si aucune des deux parties ne cède, il n'y a pas de négociation.

Les caractéristiques du négociateur à succès

Vous avez eu jusqu'ici la possibilité de comparer vos concepts sur la négociation avec ceux de l'auteur. Il serait bon maintenant d'évaluer vos caractéristiques personnelles de négociateur.

Certains ne deviennent de bons négociateurs qu'après avoir complètement repensé leur approche.

S'analyser soi-même

Les caractéristiques du négociateur à succès (suite)

Cette évolution est fondée sur les caractéristiques individuelles nécessaires à une négociation réussie. Elle peut vous aider à déterminer le potentiel que vous possédez déjà et aussi à identifier les domaines où il faut vous améliorer. Entourez le nombre qui reflète le mieux ce que vous êtes. Plus le nombre est élevé, mieux les caractéristiques vous décrivent. Lorsque vous aurez fini, inscrivez le total obtenu dans l'espace prévu.

Je suis sensible aux besoins des autres.	10 9 8 7 6 5 4 3 2 1
Je suis prêt à transiger quand c'est nécessaire pour résoudre les problèmes.	10 9 8 7 6 5 4 3 2 1
J'adhère à la philosophie gagnant/gagnant.	10 9 8 7 6 5 4 3 2 1
Je tolère bien les conflits.	10 9 8 7 6 5 4 3 2 1
Je suis disposé à rechercher et analyser à fond les enjeux.	10 9 8 7 6 5 4 3 2 1
La patience est l'un de mes points forts.	10 9 8 7 6 5 4 3 2 1
Je tolère bien le stress.	10 9 8 7 6 5 4 3 2 1
Je sais bien écouter.	10 9 8 7 6 5 4 3 2 1
Les attaques personnelles et les railleries ne me dérangent pas plus que ça.	10 9 8 7 6 5 4 3 2 1
Je peux rapidement identifier les enjeux essentiels.	10 9 8 7 6 5 4 3 2 1

Total général _____

Si vous avez obtenu 80 ou plus, vous avez les caractéristiques d'un bon négociateur. Vous savez ce que la négociation requiert et vous semblez vouloir agir en conséquence.

Si votre score se situe entre 60 et 79, vous pouvez faire un bon négociateur, mais il vous faut encore développer certaines caractéristiques.

Si votre évaluation est inférieure à 60, reprenez les questions avec soin. Peut-être avez-vous été sévère envers vous-même ; mais vous avez aussi pu identifier certains domaines clés sur lesquels vous concentrer lorsque vous négociez. Recommencez cette évaluation après avoir fini le livre, et encore une fois lorsque vous aurez pratiqué la négociation.

Vous avancez bien. Il est temps maintenant de voir les six étapes fondamentales du processus de négociation. Chaque étape, quel que soit le temps qu'elle prend, est nécessaire. C'est pourquoi bien des gens considèrent presque la négociation comme un rite. Une fois que vous aurez compris les étapes et leur finalité, vous serez capable d'affronter avec efficacité toute situation de négociation qui vous mettra au défi.

Sophie, une jeune femme qui a besoin d'un nouveau canapé, sera notre guide.

Les six étapes fondamentales

LES SIX ETAPES FONDAMENTALES DE LA NEGOCIATION

Etape 1 : **Apprendre à se connaître l'un l'autre**

La négociation est comme toute autre situation sociale à finalité d'affaires. Elle se déroule plus harmonieusement lorsque les parties en présence prennent un peu le temps de se connaître. Il est bon de prendre la mesure de ceux qui sont impliqués avant que les négociations ne commencent. Le passé de chacun fournira un guide de choix sur le niveau d'importance que tel ou tel attribue aux enjeux, et sur le degré d'expertise qui se rapporte au sujet. Lorsque le processus commence, vous devez observer, écouter et apprendre. Une bonne méthode empirique consiste à demeurer amical et détendu d'entrée, tout en restant professionnel.

Sophie veut acheter un nouveau canapé. Elle a étudié les publicités dans les journaux et elle a sélectionné un magasin de meubles qui paraît faire de bons prix. Elle a suffisamment planché chez elle pour savoir exactement ce qu'elle veut et pour avoir une bonne idée de ce qu'elle devra payer. En entrant dans le magasin, elle se présente à un vendeur, s'informe de son nom et lui dit qu'elle souhaite avoir quelqu'un qui connaisse les canapés et qui lui montre les différents modèles.

Etape 2 : Déclaration des buts et des objectifs

Après l'ouverture, la négociation s'enchaîne normalement par une déclaration générale des buts et des objectifs des parties en présence. Ce n'est pas là qu'on doit soulever des enjeux spécifiques, parce que les parties viennent seulement de commencer à explorer leurs besoins respectifs. La première personne à parler des enjeux peut dire, par exemple : « J'aimerais qu'on fasse en sorte que cet accord fonctionne au bénéfice des deux parties ». On n'a encore suggéré aucune modalité, mais on a fait une déclaration positive pour arriver à un accord qui soit favorable à tous.

Celui qui a fait la déclaration d'ouverture doit alors attendre une information en retour de l'autre partie afin de savoir si celle-ci a des buts et des objectifs similaires. S'il y a des différences, c'est le moment de le savoir.

Normalement, il est bon de faire des déclarations initiales, positives et agréables. Ce n'est pas le moment d'être hostile ou sur la défensive. Vous devez bâtir une atmosphère de coopération et de confiance mutuelle.

Comme le vendeur propose à Sophie de lui montrer les canapés disponibles, elle fait ce commentaire : « J'espère que je pourrais trouver un modèle qui me plaise à un bon prix. J'ai été attirée par ce magasin parce que vous paraissez gagner de l'argent tout en offrant au client un bon achat. Je pense que les deux aspects sont importants. »

Etape 3 : Démarrer le processus

Certaines négociations sont complexes et doivent résoudre de nombreuses questions en jeu. D'autres peuvent en comprendre très peu. De plus, les enjeux individuels peuvent aussi varier considérablement en complexité. Personne ne peut prévoir la direction que les négociations prendront avant que les deux parties n'aient présenté les enjeux. Il peut y avoir des besoins cachés qu'aucune partie n'a soulevés, mais il feront surface au fur et à mesure que les négociations avanceront.

Les enjeux sont souvent liés entre eux, ce qui fait que la solution de l'un dépend de la solution de l'autre. Par exemple : « Je ne serai d'accord pour acheter cette nouvelle chaudière à ce prix que si cela comprend une garantie gratuite d'entretien d'un an. »

On peut à l'inverse essayer de séparer les enjeux pour les rendre indépendants l'un à l'autre. Dans la vente d'une maison meublée par exemple, le vendeur pourra préférer considérer la maison et les meubles comme des négociations indépendantes. L'acheteur pourra souhaiter qu'on les réunisse. Dans certaines négociations, tous les enjeux sont reliés entre eux : aucun enjeu n'est considéré comme résolu avant que tous le soient.

Le négociateur talentueux étudiera les enjeux de près avant que les négociations ne commencent, afin de déterminer s'il est plus avantageux de les séparer ou de les lier.

Une fois que les négociateurs ont passé les enjeux en revue, ils doivent commencer à les traiter un par un. Les opinions diffèrent quant à savoir s'il faut commencer par un enjeu mineur ou un enjeu majeur. Certains pensent qu'il faut démarrer la négociation par un enjeu mineur facile à résoudre, parce que cela établira un climat favorable à d'autres accords. D'autres pensent qu'il vaut mieux commencer par un enjeu majeur car, à moins de le résoudre de façon satisfaisante, les autres sont sans objet.

Le vendeur répond à Sophie en lui demandant quelle sorte de canapé elle veut (taille, coussinage, revêtement). Il lui demande aussi un ordre de prix. Sophie souligne ses besoins et le vendeur lui dit que la plupart des marques qu'il représente y répondent. Il ajoute cependant qu'elle a choisi certaines options chères (garnissage et tissu) qui la mèneront au-dessus du prix qu'elle a indiqué. Sophie répond : « Je ne vois pas pourquoi. »

Étape 4 : Expression de désaccord et conflit

Une fois les enjeux définis, le désaccord et le conflit surgissent souvent. Ceci est naturel et il faut s'y attendre. Les bons négociateurs n'essaient jamais d'éviter cette phase car ils se rendent compte que c'est ce processus de donner et de prendre qui fait les marchés réussis.

Le désaccord et le conflit, quand ils sont maniés comme il faut, rapprocheront finalement les négociateurs. S'ils sont mal maniés, ils rendront les différences plus profondes encore. Le conflit a le don de faire faillir les différents points de vue et cristalliser les vrais désirs et les vrais besoins des négociateurs.

Lorsqu'ils présentent les enjeux, la plupart des négociateurs expliquent ce qu'ils « veulent ». C'est à l'autre négociateur de découvrir ce dont ils ont « besoin » ou ce dont ils se satisferont. Peu de négociateurs obtiennent tout ce qu'ils veulent, même dans une négociation réussie. Mais les bons négociateurs s'efforceront d'obtenir autant qu'il est possible, tout en comprenant qu'un compromis peut être nécessaire, et qu'il est possible qu'ils doivent modifier leurs buts.

Cette confrontation peut impliquer du stress. Il est donc important de garder à l'esprit que la résolution du conflit dans ces circonstances n'est pas un test de puissance mais l'occasion de mettre au jour ce dont les négociateurs ont besoin. Ceci bien compris devrait conduire aux domaines possibles d'accord ou de compromis.

Sophie détermine le modèle qu'elle veut et demande le prix. Le vendeur annonce « 8 800 F ». Sophie est étonnée car, d'après ce qu'elle avait compris dans les publicités, ça ne devrait pas dépasser 7 000 F et elle le dit. Le vendeur lui fait remarquer que ce modèle spécifique a deux particularités qui ne sont pas incluses dans les modèles en réclame. Sophie veut bien l'admettre, mais elle conteste quand même le coût supplémentaire.

Etape 5 : **Réévaluation et compromis**

A un moment donné, une partie fera normalement un pas vers le compromis. Les déclarations qui l'indiquent commencent souvent par des mots comme « Supposez que… ? », « Et si… ? », « Que diriez-vous si… ? ». Lorsque ces déclarations commencent, l'autre négociateur doit écouter avec soin pour voir si cette offre est une tentative de compromis. Il faut énoncer la réponse avec soin. Une manœuvre trop rapide pour épingler quelque chose peut entraîner le retrait de l'autre partie parce que l'atmosphère ne semble pas propice à donner et obtenir.

Lorsque vous répondez à une offre, il est bon de réaffirmer celle-ci : « Vous me vendez ce véhicule, n'est-ce pas, pour 5 000 F de moins que le prix marqué ? ». Cette réponse présente au moins trois avantages :

1. Il se peut que l'offre soit améliorée, parce que le vendeur aura l'impression que votre écho est négatif.

2. Le vendeur peut tenter de justifier le prix. Ceci vous donnera des possibilités de remise en cause.

3. L'écho vous donne le temps de penser à une contre-proposition. N'oubliez cependant pas que si l'autre négociateur vous répète votre offre en écho, vous devez simplement la confirmer, pas l'adoucir. Votre confirmation force l'autre négociateur à l'accepter, la rejeter ou à suggérer une autre possibilité.

Après avoir discuté, Sophie dit : « Je ne peux pas payer autant. Je vais voir ailleurs. » Le vendeur lui propose un modèle moins cher mais Sophie ne cède pas. Le vendeur dit alors : « Est-ce que 8 000 F vous irait ? » Sophie répond : « 8 000 F ? ». Le vendeur ajoute : « Cela comprend le transport et l'installation ». Sophie répond : « Je ne peux pas dépasser 7 200 F. »

Etape 6 : Accord de principe ou règlement définitif

Lorsqu'un accord est conclu, il est nécessaire de le confirmer. Il faut décider comment on parviendra au règlement définitif, surtout si une ratification supplémentaire est requise. Ceci signifie normalement de mettre par écrit les conditions acceptées. Il faut faire cela si possible pendant que les parties sont ensemble pour qu'elles puissent s'accorder sur la formulation. On réduira ainsi le risque de malentendu ultérieur.

Comme l'accord est l'objectif ultime de toute négociation, il est important de déterminer dès le début le niveau d'autorité de la partie avec laquelle vous négociez. Certains vendeurs, par exemple, négocient pour déterminer votre position, puis vous informent qu'ils n'ont pas autorité pour accepter vos conditions. Ils vont ensuite demander à quelqu'un que vous ne voyez pas et qui rejette la tentative « d'accord » afin d'essayer de pousser à un marché plus avantageux pour le vendeur.

Quand vous avez l'autorité pour prendre un accord, efforcez-vous toujours de négocier avec quelqu'un qui a le même niveau d'autorité que vous.

Le vendeur répond à l'offre de Sophie à 7 200 F en disant : « Je ne peux vraiment pas mais je vous le laisse à 7 500 F ». Sophie reprend : « Bon, d'accord ; si cela inclut la livraison et l'installation, vous pouvez rédiger le bon de commande.

Les six étapes fondamentales de la négociation – révision

Ce qui suit est un bref résumé des six étapes communes à toute négociation. Gardez-les bien en tête avant d'entamer votre prochaine négociation.

Etape 1   Je me propose de faire connaissance de la partie avec laquelle je vais négocier. Mon objectif sera de faire en sorte que les relations initiales soient amicales, détendues et professionnelles.

Etape 2   J'ai l'intention de faire connaître mes buts et mes objectifs à l'autre partie. Je suis prêt dans le même temps à prendre connaissance des siens. L'atmosphère pendant cette étape sera si possible empreinte de coopération et de confiance mutuelle.

Etape 3   Pour démarrer le processus, on soulèvera des enjeux spécifiques. Je me propose donc d'étudier tous les enjeux *avant* que la négociation ne commence pour déterminer s'il est plus avantageux pour moi de les séparer ou de les lier. Ceci fait, on peut traiter les enjeux un par un.

Etape 4   Une fois les enjeux définis, il est essentiel d'exprimer quels sont les domaines de désaccord ou de conflit. Ce n'est que lorsque cela aura été fait qu'il sera possible de concilier les différences d'une façon acceptable pour les deux parties.

Etape 5   La clé de toute négociation réussie est le moment où les deux parties réévaluent leurs positions et déterminent quel niveau de compromis est acceptable. Pendant cette étape, je prévois de me souvenir du principe donner/obtenir expliqué page 23.

Etape 6   L'étape finale est celle où les deux parties confirment les accords auxquels elles sont parvenues. Je prévois de faire en sorte qu'il n'y ait pas de malentendu ultérieur en mettant les accords noir sur blanc (quand c'est faisable) avec un exemplaire pour chacun. L'accord mutuel est l'objectif ultime de toute négociation.

Voici venu le moment de prendre quelques instants pour réfléchir à ce que vous avez lu.

Faites l'exercice de la page suivante, cela vous aidera à stimuler votre pensée.

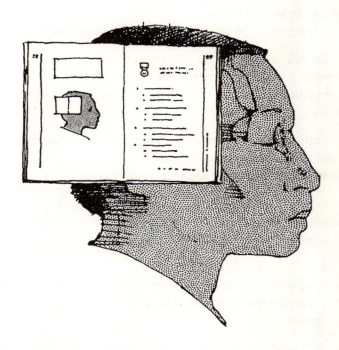

Révision de lecture

Pour chacune des déclarations suivantes, faites le choix approprié en cochant votre bonne réponse. Les solutions sont en bas de page.

1. Quand on négocie, il est bon de :
- ❑ a Prendre le temps de connaître l'autre partie.
- ❑ b Se mettre sérieusement au travail tout de suite.

2. L'étape 2 d'une négociation fournit aux parties :
- ❑ a L'occasion de contester les positions respectives.
- ❑ b L'occasion d'exprimer leurs objectifs.

3. Le compromis dans une négociation :
- ❑ a Est un signe de faiblesse.
- ❑ a Peut être nécessaire pour obtenir ce dont vous avez besoin.

4. Parfois, au fur et à mesure que les enjeux sont clarifiés :
- ❑ a Il apparaît que les différences sont inconciliables.
- ❑ b Il devient clair que certains enjeux sont étroitement liés les uns aux autres.

5. Quand le conflit intervient dans une négociation, vous devriez :
- ❑ a Travailler à sa solution constructive.
- ❑ b Passer à un sujet moins disputé.

6. Quand un négociateur dit : « Et si je disais… ? » :
- ❑ a L'étape de réévaluation et de compromis a commencé.
- ❑ b Le négociateur montre sa faiblesse.

7. Il est bon de :
- ❑ a Vous informer à l'avance de l'autorité de la personne avec qui vous traitez.
- ❑ b De présumer que le niveau d'autorité de l'autre personne est le même que le vôtre.

8. Le courage et la confiance nécessaires pour entamer une négociation :
- ❑ a Sont innés.
- ❑ b Viennent avec la volonté d'apprendre les compétences et de se préparer

Réponses : 1a, 2b, 3b, 4b, 5a, 6a, 7a, 8b.

Planifier et préparer une négociation

Négocier avec succès n'est pas le fruit du hasard mais résulte de la mise en œuvre talentueuse d'un plan bien pensé.

S'il y a quelque chose que vous souhaitiez acquérir par la négociation, soyez prêt à prendre quelques risques. Une bonne préparation vous aidera à en garder la maîtrise et vous donnera un sentiment de confiance.

Les quelques pages suivantes vous aideront à préparer une négociation réussie.

« *Lorsque les plans sont préparés d'avance, il est surprenant de voir combien il est fréquent que les circonstances s'y accordent.* »

Sir William Osler

Planifier et préparer une négociation (suite)

Que vous négociiez avec votre pépinière locale pour des plantes, avec un entrepreneur international pour la construction d'une nouvelle usine ou avec votre adolescent pour l'utilisation de la voiture familiale, si vous avez prévu un plan cela fera en général la différence entre une bonne et une mauvaise solution.

1. PAR OU COMMENCER SON PLAN

Commencer par penser en fonction de vos objectifs.

- Que voulez-vous ? Que voulez-vous bien donner pour l'avoir ?

- De quoi avez-vous besoin ? Que voulez-vous bien donner pour l'avoir ?

- A quel moment allez-vous donner et obtenir ?

Une fois vos objectifs bien établis, concentrez-vous sur les enjeux et classez-les en souci majeur ou mineur. Ne le faites pas seulement pour vos enjeux à vous, mais aussi pour ceux que l'autre partie, selon vous, mettra en avant. De plus, ne négligez pas les enjeux qui sont communs aux deux parties.

Facteurs à prendre en compte dans l'analyse des enjeux

1. L'impact économique sur les parties

2. L'offre et la demande

3. Les précédents et l'usage courant

4. Les contraintes temporelles

5. Les implications et les aspects juridiques

6. Les avantages et les inconvénients à court et long terme

Planifier et préparer une négociation (suite)

2. OU OBTENIR LES RENSEIGNEMENTS

En cherchant un peu, vous pouvez trouver les réponses à la plupart des questions soulevées pendant votre préparation. Il vous suffit souvent pour savoir ce qu'il faut de poser des questions à ceux qui ont eu des expériences similaires, ou bien de rechercher dans des sources facilement accessibles. Par exemple :

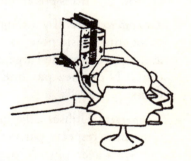

☞ Guide d'achat et autres renseignements publiés sur le produit.

☞ Articles de magazines et de journaux.

☞ Livres ou dépliants éducatifs ou instructifs.

☞ Rapports officiels des autorités ou des groupes industriels.

3. PRENEZ CONSCIENCE DU FACTEUR TEMPS

Lorsque vous êtes satisfait de votre étude des objectifs et des enjeux, et que vous avez rassemblé les renseignements pour étayer votre position, déterminez combien de temps vous devez consacrer à votre effort. Faites également une estimation du facteur temps de votre antagoniste. Le temps vous soumet souvent à une pression qui peut vous obliger à faire des concessions que vous auriez préféré ne pas faire. C'est également vrai pour l'autre partie. Si vous pouvez ôter au temps son importance relative, vous pourrez bien souvent tenir bon et obtenir de meilleures conditions parce que l'autre personne est pressée de conclure le marché.

4. IDENTIFIEZ LES SOURCES DE FORCE

La force relative des parties est un autre facteur clé à prendre en compte pendant votre préparation. La force n'est pas définie ici comme la capacité de contraindre mais plutôt d'influer sur un résultat par la logique, la pertinence ou la

Planifier et préparer une négociation (suite)

légitimité d'une position. Voici quelques sources certaines de force :

✎ *La ténacité.* Ne faites pas de concession ou ne vous retirez pas au premier signe de résistance. Donnez à l'autre partie le temps de réfléchir et de prendre en compte les autres possibilités. Puis essayez encore.

✎ *La concurrence.* Il y a toujours des concurrents de votre antagoniste pour souhaiter avoir ce que vous avez, que ce soit de l'argent, des idées ou des produits. N'oubliez pas que vous avez toujours le choix.

✎ *L'expertise.* Utilisez celle que vous possédez. Vous serez plus respecté par des personnes qui croient que vous avez plus de connaissances, de compétence ou d'expertise qu'elle.

✎ *La légitimité.* Légitimez votre position en utilisant des documents qui la corroborent. Ceci a souvent une grande influence, qu'elle soit méritée ou pas.

✎ *L'implication.* Impliquez tout le monde. L'implication personnelle poussera souvent les participants d'une négociation à faire tous leurs efforts pour s'assurer qu'elle n'échouera pas.

✎ *L'attitude.* Ne vous soulagez pas de votre tension sur l'autre négociateur. Essayez de conserver une attitude gagnant/gagnant.

Tout négociateur à succès joue la partie selon un plan. En aviez-vous un lors de votre dernière négociation ?

Etude de cas n°1

LES AVANTAGES DE LA PLANIFICATION

Ceux qui se préparent à fond entament la négociation avec la confiance de pouvoir atteindre leurs buts. Ils savent qu'ils sont prêts, quoiqu'il advienne. Cette planification vous rapportera des dividendes particulièrement élevés pendant la phase de négociation qui est celle de la réévaluation et du compromis. C'est parce que nous avons parfaitement pesé la valeur de ce que nous voulons et ce que nous acceptons de céder. Les points possibles de concessions ont été identifiés, ainsi que ceux sur lesquels nous ne voulons pas céder. Nous pouvons faire ce qu'il faut quand l'occasion se présente.

Etude de cas n°1 (suite)

ACHETER ET VENDRE

Julien veut acheter une voiture. Pendant le week-end, il a remarqué une très bonne occasion chez un marchand. S'il avait plus d'argent comptant, il l'achèterait immédiatement. Le marchant ne lui offre dans l'échange que 12 000 F pour la reprise de sa voiture actuelle. Celle que veut Julien est vraiment formidable et il est fort probable qu'elle sera vendue très vite. Julien a fait ses comptes avec soin et il décide de se lancer s'il arrive à vendre son véhicule actuel à un particulier pour environ 20 000 F. Cela lui ferait 15 000 F pour le versement comptant et 5 000 pour les accessoires qu'il souhaite ajouter. La voiture est en bon état à part un ou deux coups sur le pare-chocs. Les pneus neige de sa voiture actuelle n'iront pas sur la nouvelle, mais il pourra sans doute les vendre et cela l'aidera. Il peut démonter sa nouvelle installation stéréo (qui date du mois dernier) et la remettre dans la nouvelle voiture.

Anne, une collègue de travail de Julien, a entendu dire qu'il voulait vendre sa voiture et elle projette de lui en parler. Sa fille aura son diplôme dans trois mois et elle aura besoin d'une voiture pour aller travailler. Anne ne dispose que de 18 000 F, y compris pour les réparations à effectuer, et elle doit garder assez d'argent pour les pneus neige. Sa fille a vu la voiture et elle lui plaît bien, surtout avec la stéréo. Anne a vérifié le prix du modèle de la voiture de Julien et elle sait qu'il vaut en moyenne 12 000 à 19 500 F, selon qu'on s'adresse à un particulier ou un garage.

VEUILLEZ REPONDRE AUX QUESTIONS SUIVANTES

Quels sont les objectifs de Julien ?   Quels sont les objectifs d'Anne ?

_____   _____

_____   _____

_____   _____

_____   _____

Quels sont les points de conflit probables ?

_____

_____

_____

Etude de cas n°1 (suite)

Quels sont les points forts de Julien ?

_____
_____
_____
_____

Quels sont les points forts d'Anne ?

_____
_____
_____
_____

Quelle est l'importance du temps
pour Julien ?

_____
_____
_____
_____

Quelle est l'importance du temps
pour Anne ?

_____
_____
_____
_____

Quels sont les points de compromis possibles ?

_____
_____
_____

Reportez-vous maintenant à la page 77 pour vérifier vos réflexions auprès de celle de l'auteur.

Le niveau de vos visées a un rapport direct avec ce à quoi vous parvenez dans une négociation ! Les études montrent que ceux qui visent haut obtiennent en général des accords plus favorables dans la négociation que ceux qui n'ont pas des visées similaires. Examinons ceci en utilisant comme exemple l'étude du cas précédent.

**Voyez comment
ça marche**

Il est bon de viser haut

1. Quand vous négociez, si vous visez haut, votre résultat sera normalement meilleur que celui d'une personne qui vise bas.

Dans l'étude de cas que vous venez de voir, si Anne offre 12 000 F à Julien, elle aura peut-être la voiture pour un prix plus bas que si elle avait commencé à 15 000 F. Son seul risque est que Julien se fâche. Si cela se produit, elle peut toujours augmenter un peu son offre. Supposons qu'Anne commence à offrir 12 000 F à Julien, que celui-ci refuse mais qu'il soit d'accord à 18 500 F si Anne paye comptant sous 24 heures. Julien a fait une concession et il a montré qu'il acceptait le marchandage. Anne doit faire de même. Disons qu'elle monte son offre à 12 500 F. Ce n'est pas parce que Julien a baissé de 1 500 F qu'Anne doit monter d'une somme égale ou supérieure.

2. Les négociateurs à succès sont généralement capables de faire des concessions nettement plus faibles que leurs antagonistes.

Après beaucoup de marchandages, Julien a baissé son prix à 17 000 F et Anne a monté son offre à 13 500 F. A ce moment, Julien suggère de partager la différence. Anne a maintenant le choix entre tenir bon, partager la différence ou monter légèrement son offre à 14 000 F. C'est un choix qui peut être difficile pour Anne. Il vaut mieux offrir 14 000 F que de partager la différence, mais elle peut aussi vouloir tenir bon pour l'instant.

3. Une autre caractéristique importante des négociateurs à succès est qu'on ne peut pas prévoir le niveau de leurs concessions

Julien a déjà fait des concessions et il se peut qu'il veuille bien en faire d'autres. Anne ne le saura jamais si elle ne teste pas sa résolution.

Etude de cas n°2

APPLIQUER LE PRINCIPE

Comme dans tout sport, les talents de négociateur s'accroissent lorsqu'on s'y entraîne en les pratiquant dans les situations de la vie réelle.

Pour commencer à vous entraîner aux principes qui viennent d'être présentés,, trouvez les raisons qui font que Robert gagne plus qu'Alain : voir le cas de la page suivante.

Voyez le cas

Pourquoi Robert gagne-t-il plus qu'Alain ?

Alain et Robert sont vendeurs à la Société du Tapis de Qualité. Ils touchent le même pourcentage de commission calculé sur la totalité de leurs ventes individuelles. Ils ont tous les deux le même niveau d'autorité pour traiter avec les clients. Ils ont cependant en fait des attitudes différentes sur la façon de faire des affaires, et leurs différences se reflètent souvent dans leurs revenus. L'année dernière, par exemple, ils ont vendu la même quantité de tapis comparables, mais Robert a gagné environ 50 000 F de plus qu'Alain. Voyons si vous pouvez découvrir pourquoi, en examinant le résumé qui suit de leurs pratiques respectives de la négociation.

Alain Aborde les clients comme si le prix était leur seul souci. Il prend à peine le temps de parler des qualités du produit et, en s'efforçant d'emporter la vente, il offre souvent un rabais avant même que cela ne soit une question en jeu. Ayant tout mis en place pour la négociation, il est impatient de conclure rapidement le marché et il fait des réductions de prix en réponse à la moindre hésitation de l'acheteur.

Robert, lui, fait au départ un grand effort pour convaincre l'acheteur des avantages d'un tapis qui réponde à ses besoins. Il pratique ainsi parce qu'il est convaincu que le client y attache plus d'importance qu'au prix. Robert est déterminé à recevoir le prix normal marqué de ce qu'il vend, et il accorde très rarement une remise. Si le client en parle, Robert négocie pour assurer la vente, mais toute concession qu'il fait est faible et bien méritée par l'acheteur (*).

Faites le liste de toutes les raisons qui font, d'après vous, que Robert gagne plus qu'Alain. Vérifiez vos réponses auprès de celles de l'auteur, page 77.

_____

_____

_____

_____

_____

(*) A lire dans la même collection *L'Art de la vente* (n° 6)

Apprenez les stratégies et les tactiques de la négociation

Vous allez découvrir dans les pages suivantes les stratégies et les tactiques qui vous aideront à devenir un négociateur efficace. Les choix sont pratiquement infinis, et nous n'essayerons pas des les couvrir tous. Ceux dont nous parlons sont les démarches fondamentales qui assurent les meilleures chances de succès.

Ces stratégies et ces tactiques sont des outils spécialisés : vous devez savoir comment les reconnaître, les utiliser et vous en défendre. Il faut les apprendre et les pratiquer jusqu'à ce qu'elles fassent partie intégrante de votre façon de négocier.

Les stratégies et les tactiques de négociation

Les négociateurs comprennent vite que pour réussir il faut donner afin d'obtenir. Ceci est fondamental. Le véritable talent consiste à déterminer quoi donner, quand le donner, pourquoi le donner, combien donner et à quoi s'attendre en retour. Pour être un négociateur expert, il faut savoir comment manœuvrer afin de donner ce que l'on peut se permettre de *donner* et d'*obtenir* ce qui satisfait ses besoins. Les techniques utilisées pour atteindre ce but s'appellent stratégies et tactiques. *Une stratégie est un plan général d'action qu'on emploie dans une négociation. Les tactiques constituent la méthode, étape après étape, utilisée pour mettre la stratégie en œuvre.* Voici quelques stratégies et des exemples de la manière dont on peut les appliquer.

CAROLE ET ERIC ACHETENT UNE MAISON

Carole et Eric ont décidé voici trois mois d'acheter une nouvelle maison. Leur choix se porte sur une maison située dans un nouveau lotissement et qui coûte 1 000 000 F (soit environ 100 000 F au-dessus de leur limite). Carole pense qu'ils devraient faire une offre, mais Eric ne croit pas qu'ils pourront faire baisser le prix de façon significative.

Carole a décidé en tout cas de s'intéresser de près au lotissement et elle a appris que plusieurs maisons, dont celle qui leur plaît, sont à vendre depuis presqu'un an. Elles sont toutes très belles, mais leurs ventes sont faibles en raison des circonstances économiques. Carole convainc Eric qu'ils ne risquent rien à faire une offre. Après avoir bien fait leurs plans, ils prennent rendez-vous avec le vendeur du lotissement.

**Les stratégies
à l'œuvre**

Les stratégies et les tactiques de négociation (suite)

APPROCHE

Carole et Eric informent le vendeur que la maison leur plaît bien et qu'ils seraient intéressés à un prix plus bas, tels que 800 000 F.

Le vendeur parait choqué et dit : « C'est impossible, nous n'étudierons même pas une telle offre ». Carole et Eric, qui avaient prévu une telle réponse, demandent alors : « Si vous n'acceptez pas 800 000 F, combien voulez-vous ? »

Le vendeur fait alors quelques calculs avant de dire : « 900 000 F, mais avec un versement comptant d'au moins 200 000 ». Carole et Eric espéraient une contre-proposition plus basse mais ils s'étaient préparés pour la réponse à 900 000. Eric essaie une autre stratégie en disant : « Le comptant ne pose pas de problème, mais je sais que la maison voisine s'est vendue pour 150 000 F de moins que le prix demandé ; pourquoi ne faites-vous pas la même chose ?

STRATEGIE

Attaquer bas. Ils proposent le prix le plus bas possible et essayent d'acheter au prix qu'ils estiment être le prix de revient du constructeur.

Cadrer le besoin. Il est établi que le vendeur acceptera un prix inférieur au prix demandé, mais pas 800 000 F. Il s'agit maintenant de trouver combien de moins de 1 000 000 F.

Défi. Une stratégie conçue pour mettre l'autre sur la défensive et gagner des concessions. Ajoutée ici au cadrage pour aider à déterminer ce que le vendeur acceptera vraiment.

Les stratégies et les tactiques de négociation (suite)

APPROCHE

Le vendeur réagit en répondant : « C'était une maison plus chère et nous avions plus de marge. Je pourrais peut-être arranger encore un peu le prix, disons à 860 000 F, si vous nous faites votre offre par écrit aujourd'hui avec le versement des 200 000 F ». Carole et Eric qui sentent que leur but est proche répondent : « Cette maison nous plaît vraiment, mais c'est toujours plus que nous voulons mettre. Permettez-nous de prendre le temps d'en parler ensemble pour voir comment nous pourrions augmenter notre offre. Voudriez-vous revoir aussi votre position ? »

Carole et Eric reviennent au bout d'une heure et offrent 830 000 F. Le vendeur leur dit : « J'ai appelé le constructeur en votre absence pour voir quelles concessions nous pouvions encore faire. Il a cédé un peu, mais 830 000 F ne suffisent pas. Cependant, si vous voulez bien couper la poire en deux et aller jusqu'à 845 000 F, nous nous mettons d'accord à condition que vous signiez les papiers et déposiez les 200 000 F aujourd'hui. Carole et Eric se regardent et acceptent avec joie.

STRATEGIE

Remettre à plus tard. Carole et Eric prennent un temps de repos pour se permettre ainsi qu'au vendeur de revoir leurs positions. Remettre une décision à plus tard dans cet esprit montre souvent que la patience paie.

Couper la poire en deux. Carole et Eric ont soigneusement calculé leur contre-proposition dans l'espoir que le vendeur accepterait l'offre ou bien suggérerait de couper la poire en deux. Le résultat : un prix de vente situé entre la dernière offre du vendeur et la contre-proposition de Carole et Eric.

Maintenant que vous avez pu examiner quelques stratégies et les voir à l'œuvre dans une négociation « échantillon », le moment est venu d'en apprendre d'autres.

Il existe également des stratégies où les deux partie peuvent gagner.

La meilleure façon de les apprendre est de les appliquer.

D'autres stratégies

Les stratégies et les tactiques de négociation (suite)

Cocher la case ☑ *si la stratégie décrite convient a votre style de negociation*

☐ LE SALAMI

 Le salami est une technique utilisée pour parvenir à un objectif petit à petit plutôt que d'un seul coup. On dit que cette stratégie doit à son nom à Mátyás Rákosis, Secrétaire Général du Parti Communiste hongrois, qui l'expliquait ainsi :

« Lorsque vous voulez vous saisir d'un salami que vos adversaires défendent férocement, vous ne devez pas l'agripper. Vous devez commencer par vous en couper une tranche très fine. Le propriétaire du salami ne s'en apercevra même pas, ou en tout cas, il ne s'en souciera pas beaucoup. Le lendemain, vous couperez une autre tranche, puis encore une autre. Et ainsi, peu à peu, le salami passera en votre possession.

Vous voulez acheter 5 hectares de terrain à un vieux monsieur qui, pour des raisons sentimentales, ne veut pas en vendre immédiatement plus d'un hectare. Vous n'êtes pas pressé d'acheter les 5 hectares. Comment allez-vous aborder le vieux monsieur ?

VERIFIER VOTRE REPONSE AUPRES DE LA REPONSE CI-DESSOUS

Appliquer la stratégie du salami. Offrez d'acheter 1 hectare maintenant avec l'option d'acheter les 4 autres, à raison d'un par an sur les quatre prochaines années.

Les stratégies et les tactiques de négociation (suite)

☐ LE FAIT ACCOMPLI

Les résident d'un ensemble appelé Bellevue ont découvert en se réveillant un beau matin qu'un promoteur local était en train de détruire le sommet d'une colline qui leur offrait une vue magnifique. Le promoteur n'avait pas le permis exigé par la loi, mais une fois détruit, on ne pouvait plus remettre le sommet de la colline à sa place. La stratégie qu'il avait utilisée s'appelle le fait accompli. Il avait agi pour atteindre son objectif en acceptant les risques, parce qu'il ne voulait pas prendre le temps nécessaire ni faire l'effort ou la dépense pour suivre la ligne de conduite établie. Le promoteur disait en réalité : « J'ai fait ce que je voulais faire, qu'allez-vous faire maintenant ? » Ceci peut être risqué. Ceux qui le font doivent le comprendre et en accepter les conséquences si la stratégie échoue. Ainsi, le même promoteur érigea plus tard une clôture en violation des arrêtés municipaux. Cette fois les citoyens protestèrent et il fut enjoint de la démonter et de la mettre à distance réglementaire, ce qui lui coûta très cher.

Voici des exemples de fait accompli. Veuillez indiquer comment vous réagiriez.

Fait accompli	*Réaction*
On vous envoie un contrat qui contient une clause n'ayant pas reçu votre agrément et que vous trouvez inacceptable.	
Vous conduisez votre vieille voiture au garage pour avoir un devis de réparation. Quand vous revenez, vous découvrez qu'elle est déjà réparée et on vous présente une facture de 7 500 F	

Comparez vos réponses à celles de la page suivante

RÉACTIONS POSSIBLES AU FAIT ACCOMPLI (selon la page précédente)

1. Utilisez vous-même le fait accompli. Supprimez du contrat les clauses inacceptables et renvoyez-le.

2. Vous avez le choix entre plusieurs solutions dont les suivantes :
- refusez de payer ;
- faites appel à l'échelon supérieur. Voyez le patron ;
- engagez des poursuites ou menacez de le faire. S'il y a violation de la loi, demandez l'aide de conseils juridiques ;
- racontez autour de vous ce qui s'est produit. Etayez votre cause et faites connaître ces pratiques immorales au public et aux professionnels.

☐ L'USAGE ETABLI

L'« usage établi » est une stratégie utilisée pour convaincre vos interlocuteurs de faire ou de ne pas faire quelque chose en vertu des prétendus « usages établis ». Cela fonctionne souvent très bien parce que cela implique que c'est la meilleure façon de procéder quoi qu'on fasse et que c'est sans doute une approche sûre. Les contrats-type donnent un exemple de cette stratégie. La partie qui suggère le contrat-type présume que personne ne souhaitera le modifier, parce qu'il reflète en général ce sur quoi on s'accorde dans les circonstances présentes. L'autre partie accepte souvent cet état de choses comme allant de soi ; cependant ceux qui sont prêts à le mettre en question peuvent obtenir de bons résultats.

Un plombier choisi pour installer une maison neuve dit à son client que les conditions de paiement sont 30 % au début des travaux, 60 % à la moitié et 10 % à l'achèvement. Devant le refus du client d'accepter l'accord, l'entrepreneur lui dit que ce sont les conditions d'usage dans la profession et il lui montre le contrat-type qui le prouve. Le client refuse de signer. Au bout du compte, l'entrepreneur accepte 30 % au début, 30 % à la moitié et 40 % à l'achèvement. Le client a ainsi pris l'assurance que la plomberie sera achevée avant que l'entrepreneur n'ait pris son bénéfice, et cela fournit en même temps au plombier les fonds adéquats pour mener le projet à bien.

Les stratégies et les tactiques de négociation (suite)

☐ LES DATES LIMITES

Le temps est crucial pour les hommes et les organisations. Par conséquent les dates limites peuvent être une stratégie de négociation efficace. Trop souvent, nous sommes conscients de la pression du temps sur nous-mêmes, alors que nous présumons que l'autre partie a tout son temps. Il vaut mieux présumer que si nous avons des dates limites, l'autre partie en a sans doute aussi. Plus nous en savons sur les dates limites des autres et mieux nous pouvons établir nos stratégies. Quand on essaye de nous imposer des dates limites, il ne faut pas hésiter à les remettre en cause. La plupart des soldes des magasins de détail qui « commencent » le mardi et « finissent » le vendredi peuvent se négocier, de sorte qu'un acheteur peut en profiter aussi le lundi ou le samedi. La majorité des hôtels acceptent de repousser l'heure limite de départ au-delà de midi si vous désirez négocier une heure plus tardive. Les demandes faites avant le 1er du mois sont souvent acceptées le 2. Les dates limites ne sont en général impératives que dans la mesure où nous pensons qu'elles le sont. Mieux nous connaissons la personne ou l'organisation qui les a instaurées, mieux nous pouvons évaluer leur véritable signification.

Avant d'entamer une négociation, posez-vous les questions suivantes :

<table>
<tr><td>AVRIL
15</td><td>**1.** Quelles sont les véritables dates limites et contraintes de temps auxquelles je suis soumis ? Me sont-elles imposées par moi-même ou dépendent-elles de quelqu'un d'autre ?

2. Ces dates limites sont-elles réalistes ? Puis-je les modifier ?

3. Quelles dates limites peuvent peser sur l'autre partie ? Puis-je les utiliser à mon avantage ?</td></tr>
</table>

Voici un dialogue entre Robert Thomas, acheteur pour une entreprise, et Henri Laforêt, directeur des ventes d'équipement de bureau :

M. Thomas : Les machines à écrire « supersonic » que vous nous proposez nous conviennent. Pouvez-vous nous en fournir 3 d'ici à lundi prochain pour 15 000 F ?

M. Laforêt : Je n'en suis pas certain. Comme vous voulez aussi l'accélérateur de frappe, le prix pour les 3 va dépasser 18 000 F.

M. Thomas : C'est trop pour le budget que nous avons pour cet achat.

M. Laforêt : J'en suis désolé. Pour faire le prix que vous voulez, je dois en parler à mon Directeur Régional et il est difficile à joindre.

Que peut dire M. Thomas à M. Laforêt afin que ce dernier accepte de fournir les machines à écrire pour 15 000 F ou qu'il fasse au moins une concession sur le prix, avec un délai minimum ?

_____

_____

Quand vous aurez terminé, comparez votre réponse aux possibilités suggérées en bas de la page.

☐ FEINDRE

Feindre, c'est faire croire que l'on désire autre chose alors que l'objectif premier est en réalité quelque chose d'autre. Par exemple, un employé peut négocier sa promotion avec le patron alors que son véritable objectif est une augmentation de salaire. Si la promotion arrive, l'augmentation vient avec. Si la promotion n'est pas possible, une belle augmentation peut être le prix de consolation. Les hommes politiques utilisent une variante de cette stratégie pour tester la réceptivité du public à ce qu'ils projettent de faire. Leur projet bénéficient d'une « fuite » de « milieux bien informés » afin de voir s'il est bien accepté avant qu'une décision définitive ne soit prise. On évalue alors la réaction du public. S'il y a peu d'opposition, on peut s'engager sans grand risque. S'il y a une réaction violente, on peut rechercher une autre approche.

Les réactions possibles de M. Thomas : « Eh bien, je regrette que nous ne puissions pas faire affaire. J'ai rendez-vous cet après-midi avec Supervite et Machinexpress. Tous deux nous ont indiqué qu'ils peuvent nous fournir un équipement comparable à un prix qui entre dans notre budget. Le chef de service qui veut ces machines part demain en vacances pour 2 semaines. Il prendra sa décision avant de quitter son bureau aujourd'hui. »

Les stratégies et les tactiques de négociation (suite)

☐ FAIRE CROIRE QU'ON SE RETIRE

Faire croire qu'on se retire peut inclure une part de tromperie, de même que de remettre à plus tard et de feindre. On tente de faire croire à l'autre négociateur qu'on se retire de la discussion alors qu'en fait il n'en n'est rien. Par exemple, l'acheteur éventuel d'un tableau voit que le vendeur ne veut pas lui faire le prix qu'il est disposé à mettre. Il peut dire : « Je suis désolé, mais je ne peux pas mettre ce prix-là. Vous connaissez mon prix et, si vous ne faites pas un geste, nous ne pourrons pas faire affaire ensemble ». Et l'acheteur s'en va. S'il a fait une offre raisonnable, le vendeur peut se décider à faire une concession. Sinon, l'acheteur peut toujours revenir avec une offre légèrement supérieure. Entre-temps, bien sûr, l'acheteur pourra envisager d'autres choix.

☐ LE GENTIL ET LE MECHANT

Le coup du gentil et du méchant est une stratégie utilisée dans le monde entier. Un membre d'une équipe de négociation suit une ligne très dure alors qu'un autre est amical et d'abord facile. Lorsque le méchant sort pour quelques minutes, le gentil offre un marché qui parait trop beau en l'occurrence pour qu'on le refuse. Les « méchants » existent en de nombreuses versions. Il peut s'agir d'avocats, d'époux, de représentants du personnel, de comptables, d'experts fiscaux, de directeurs de ventes ou d'économistes.

Le danger quand on utilise cette stratégie est qu'elle soit mise à jour. Voici quelques façons de procéder lorsque vous sentez qu'on l'utilise contre vous :
- sortez ;
- utilisez votre propre méchant ;
- dites à vos antagonistes de cesser la comédie et de passer aux choses sérieuses.

Les stratégies et les tactiques de négociation (suite)

☐ L'AUTORITE LIMITEE

L'autorité limitée consiste à essayer de faire accepter sa proposition en prétendant qu'aller plus loin exige l'approbation de l'échelon supérieur. Il est difficile de négocier avec ceux qui prétendent avoir une autorité limitée, car la raison dont ils se servent pour ne pas satisfaire vos demandes est due à quelqu'un d'autre, à une politique, ou bien à un usage qu'ils ne maîtrisent pas. Un vendeur qui ne peut pas faire plus de 5 % d'escompte pour paiement comptant, qui ne peut pas arranger la date de livraison, ou accepter une reprise, ne fera pas de concessions dans ces domaines-là. Devant cet état de choses, certains négociateurs cèdent, alors que d'autres insistent pour voir leur offre présentée à qui de droit pour qu'elle soit acceptée ou rejetée. Il y a le risque que cela mette un terme à la négociation, mais on offre ainsi à l'autre partie l'occasion de réévaluer élégamment sa position.

Contrôle des connaissances

SAVEZ-VOUS RECONNAITRE ET DEFINIR CE QUI SUIT ?

	Oui	*Non*
Le salami	❏	❏
Le fait accompli	❏	❏
L'usage courant	❏	❏
Les dates-limites	❏	❏
Feindre	❏	❏
Faire semblant de se retirer	❏	❏
Le gentil et le méchant	❏	❏
L'autorité limitée	❏	❏

Maintenant que nous avons examiné des stratégies utiles, voyons certaines erreurs fatales que font parfois les négociateurs. Vous devez absolument tout faire pour les éviter !

Ça sera comme ça !

Huit erreurs fatales

Cochez celles que vous avez l'intention d'éviter :

❑ **1.** **Une préparation inadéquate.**
La préparation vous fournit une bonne vue d'ensemble de vos choix possibles et elle vous permet de prévoir la souplesse qui sera nécessaire aux moments critiques.

❑ **2.** **Ne pas tenir compte du principe donner/obtenir**
Chaque partie doit conclure la négociation en ayant le sentiment d'avoir gagné quelque chose.

❑ **3.** **Utiliser un comportement d'intimidation.**
Les recherches montrent que plus la tactique est rude, plus la résistance est forte. La persuasion et non la domination procure le meilleur résultat.

❑ **4.** **L'impatience.**
Laissez aux idées et aux propositions le temps de faire leur chemin. Ne brusquez pas les choses, la patience paie.

❑ **5.** **La perte de sang-froid.**
Les fortes émotions négatives empêchent d'établir un climat de coopération et de trouver les solutions.

❑ **6.** **Parler trop et écouter trop peu.**
« Si vous aimez écouter, vous gagnerez des connaissances, et si vous tendez l'oreille, vous deviendrez sage. »

❑ **7.** **Se disputer au lieu d'influencer.**
C'est par l'explication que vous pouvez le mieux défendre votre point de vue, pas par l'entêtement.

❑ **8.** **Ne pas tenir compte du conflit.**
Le conflit est la substance même de la négociation. Apprenez à l'accepter et à le résoudre, pas à l'éviter.

Du temps pour l'acceptation, et le passage en revue post-négociation

Il existe deux considérations supplémentaires importantes pour le négociateur, qui sont : du temps pour l'acceptation et le passage en revue post-négociation. Elles sont expliquées ci-dessous.

DU TEMPS POUR L'ACCEPTATION

Au fur et à mesure que la négociation se déroule, gardez toujours à l'esprit qu'il faut du temps pour l'acceptation. *On a besoin de temps pour accepter ce qui est nouveau ou différent.* Les parties entament les négociations en espérant obtenir rapidement et facilement ce qu'elles veulent. Ce n'est pas toujours possible. Parfois, elles ont fait des présomptions erronées, ou peut-être des erreurs d'appréciation. Le prix élevé que le vendeur désire, ou le prix bas que l'acheteur espère ne sont pas aussi faciles à obtenir qu'ils l'avaient cru. Il faut procéder à des réajustements qui prennent du temps. Les souhaits ne deviennent réalité que par un marchandage, un réajustement et un compromis durement arrachés.

LE PASSAGE EN REVUE POST-NEGOCIATION

Procédez à une analyse après chaque négociation. Cela vous aidera à déterminer les raisons de votre succès ou de votre échec et vous fournira de bons renseignements pour vos négociations futures. Examinez les forces et les faiblesses de l'approche de votre adversaire tout autant que les vôtres, et conservez ces notes dans un dossier pour vous y référer avant votre prochaine négociation.

Le guide de la préparation du négociateur présenté pages 66 et 67 est un excellent moyen pour vous aider dans ce passage en revue post-négociation.

Guide de la préparation du négociateur

Sur les deux pages suivantes, vous trouverez le Guide de la préparation du négociateur. Utilisez-le à la fois pour la préparation, comme liste de contrôle, et pour le passage en revue post-négociation.

Utilisez la liste de contrôle pages 66 et 67.
Cela ne vous prendra pas longtemps
pour une négociation mineure ; et vous
ne devez en aucun cas oublier quoi que
ce soit si elle est importants.

Guide de la préparation du négociateur (suite)

☞ **1.** **Définir les buts et les objectifs**

- Qu'est-ce que j'attends exactement de cette négociation ?
- Que dois-je obtenir pour satisfaire mes besoins ?
- Que suis-je disposé à abandonner pour obtenir ce que je veux ?
- Quelles sont mes conditions de temps et d'argent pour cette négociation ?

☞ **2.** **Clarifier les enjeux**

- Quels sont les enjeux de mon point de vue ?
- Qu'ai-je pour étayer ma position ?
- Comment vais-je présenter cela à l'autre partie ?
- Comment vont-ils étayer leur position ?
- Quelles sont a priori les différentes significatives dans les points de vue sur les enjeux ?

☞ **3.** **Collecter les renseignements**

- Avec qui vais-je négocier et que sais-je d'eux ? Comment abordent-ils une négociation ? Comment satisfont-ils leur ego ?
- Où et quand se passera la négociation ? Les choix possibles ont quels avantages ou inconvénients pour moi ? Pour l'autre partie ?
- Quelles sont les implications économiques, politiques et humaines des questions en jeu ?
- Ai-je un pouvoir personnel dont je pourrais me servir de façon constructive dans cette négociation ?

☞ **4.** **Etablir une bonne ambiance**

- Comment faire pour établir au mieux des relations avec l'autre partie ?
- Comment faire pour établir une ambiance gagnant/gagnant ?

Guide de la préparation du négociateur (suite)

☞ **5.** **Se préparer pour le conflit**
  - Quels seront les principaux points de conflit ?
  - Comment ferais-je pour déterminer ce dont a besoin l'autre partie par rapport à ce qu'elle veut ?

☞ **6.** **Le compromis/la résolution des questions en jeu**
  - Comment vais-je essayer de résoudre le conflit ? Comment vais-je réagir lorsque l'autre partie tentera de résoudre le conflit ?
  - Quelles concessions suis-je prêt à faire ? A quelles conditions ?
  - Qu'est-ce que j'attends en contrepartie de mes concessions ?

☞ **7.** **Accord et confirmation**
  - L'accord doit-il être en bonne et due forme ?
  - Quelle processus d'approbation faudra-t-il ? Combien de temps cela prendra-t-il ?
  - Quelles mesures de mise en œuvre faudra-t-il ?

Mesurez vos progrès

Il est temps maintenant de voir les progrès que vous avez faits. Vous trouverez page ci-contre 20 affirmations qui sont vraies ou fausses. Chaque bonne réponse vaut 5 points. Si vous possédez 80 ou plus, vous possédez les connaissances nécessaires pour devenir un excellent négociateur. Si vous avez moins de 80, relisez ce livre et refaites ce test.

Souvenez-vous que l'on ne naît pas bon négociateur, on le devient.

Révisions de lecture

Pour chaque affirmation, cochez vrai ou faux.

Vrai   *Faux*

❑   ❑   **1.**   On peut apprendre les compétences de négociation mais il faut s'y entraîner de façon régulière.

❑   ❑   **2.**   Les bons négociateurs sont désireux de rechercher et d'analyser avec soin les questions en jeu.

❑   ❑   **3.**   La négociation est un domaine ou la patience n'est pas une vertu.

❑   ❑   **4.**   Dans une négociation, on ne peut pas faire de plan à l'avance.

❑   ❑   **5.**   Les négociateurs à succès soulignent qu'ils veulent gagner à tout prix.

❑   ❑   **6.**   Trop de préparation réduit la souplesse.

❑   ❑   **7.**   Le compromis est un moyen que les négociateurs faibles utilisent pour sauver la face.

❑   ❑   **8.**   Le conflit constitue une partie importante de la négociation.

❑   ❑   **9.**   Les gens ont besoin d'avoir du temps pour accepter les changements et les idées nouvelles.

❑   ❑   **10.**   Il faut toujours faire une « analyse post-négociation » pour améliorer son apprentissage par l'expérience.

❑   ❑   **11.**   Nous pouvons obtenir la plupart des renseignements dont nous avons besoin avant la négociation en posant des questions et en faisant des recherches simples.

❑   ❑   **12.**   Plus vous avez d'autorité, mieux c'est pour négocier.

❑   ❑   **13.**   A chaque négociation, il faut bien réfléchir à ses objectifs.

Révisions de lecture (suite)

❏ ❏ **14.** Les négociateurs doivent être familiarisés avec les techniques de résolution des conflits.

❏ ❏ **15.** Le niveau de vos visées détermine exactement ce à quoi vous parvenez dans une négociation.

❏ ❏ **16.** Nous négocions à chaque fois que nous essayons d'influer sur quelqu'un par un échange d'idées ou de quelque chose ayant une valeur matérielle.

❏ ❏ **17.** Dans une négociation, il est possible que les deux parties gagnent, car chacune a des besoins et des valeurs différents.

❏ ❏ **18.** Etre obligé de donner pour obtenir est une règle fondamentale de la négociation.

❏ ❏ **19.** Les concurrents de votre antagoniste qui veulent ce que vous détenez, que ce soit de l'argent, des idées ou des produits sont une source de force.

❏ ❏ **20.** Ce livre est un point de départ remarquable pour se constituer des talents de négociateur, mais il faut ensuite faire des lectures complémentaires, s'entraîner et pratiquer.

Total des réponses exactes _____ (voir page 72).

Vérifiez vos réponses aux questions de la révision. Si certaines sont mauvaises, vous avez tout intérêt à réviser les chapitres du livre qui les concernent.

**Réponses à la révision
de lecture**

Réponses à l'exercice des pages 69-70

1. Vrai   La pratique rend parfait.

2. Vrai   Un effort essentiel.

3. Faux   Patience et longueur de temps sont des « must ».

4. Faux   La préparation est l'un des secrets du succès.

5. Faux   Les négociateurs à succès croient à un processus gagnant/gagnant.

6. Faux   La préparation permet la souplesse.

7. Faux   Le compromis est une méthode fondamentale pour résoudre le conflit.

8. Vrai   En l'absence de désaccord, la négociation est inutile.

9. Vrai   Le temps pour l'acceptation doit faire partie intégrante du plan.

10. Vrai   Apprenez par l'expérience.

11. Vrai

12. Faux   Trop d'autorité peut conduire à un règlement avant qu'on ait pu explorer tous les choix possibles.

13. Vrai   Vous devez savoir ce à quoi vous voulez parvenir.

14. Vrai

15. Vrai   Ceux qui visent bas obtiennent peu.

16. Vrai   C'est le résultat idéal d'une négociation.

17. Vrai

18. Vrai

19. Vrai   Une très grande source de force lorsqu'elle est couplée à la patience.

20. Vrai   Révisez-le avant toute négociation.

**Faites maintenant des projets
pour appliquer ce que vous avez appris**

Repensez à tout ce que vous avez lu, les question-naires d'auto-analyse, les études de cas et les exercices de renforcement.

Qu'avez-vous appris sur l'art de négocier ?

Qu'avez-vous appris sur vous-même ?

Comment pouvez-vous appliquer ce que vous avez appris à votre vie personnelle ?

A votre vie professionnelle ?

A votre vie dans la cité ?

Prenez l'engagement de devenir un meilleur négo-ciateur. Concevez un plan personnel d'action qui vous aidera à atteindre ce but.

Réfléchissez bien à ce que vous avez étudié. Puis élaborez un plan personnel d'action, en utilisant le guide ci-après pour appliquer ce que vous avez appris.

MON PLAN PERSONNEL D'ACTION

Nom et date : _____

1. J'ai de réels talents de négociateur dans les domaines suivants :

_____

_____

_____

2. J'ai besoin d'améliorer mes talents de négociateur dans les domaines suivants :

_____

_____

_____

3. Voici mes objectifs d'amélioration de mes talents de négociateur (assurez-vous que vos objectifs soient spécifiques, réalistes et mesurables) :

_____

_____

_____

4. Voici les personnes et les moyens qui peuvent m'aider à atteindre mes objectifs :

_____

_____

_____

5. Voici les étapes de mon action et mon emploi du temps pour atteindre mes objectifs :

_____

_____

_____

Contrat volontaire

Parfois, le désir d'améliorer ses talents personnels peut être stimulé en passant un contrat avec son époux ou son épouse, un ami ou un supérieur. Si vous pensez qu'un contrat peut vous aider, utilisez le formulaire page suivante. Si ce contrat ne vous convient pas, négociez-en un autre.

Envisagez un contrat volontaire

CONTRAT*
VOLONTAIRE

Je soussigné _____ accepte par
(votre nom)

la présente de rencontrer dans les 30 jours la personne désignée ci-après pour discuter de mes progrès sur l'assimilation des techniques et les idées de négociation présentées dans ce programme. Le but de cette réunion sera de passer en revue les domaines de force, de définir et mettre en place des étapes pour agir dans les domaines ou l'amélioration s'avérera nécessaire.

_____
Signature

J'accepte de rencontrer la personne ci-dessus le

_____
Jour   *mois*   *heure*

à l'endroit suivant :

_____
_____
Signature

       * Cet accord peut être pris à l'initiative de votre supérieur ou de vous-même. Son but est de vous motiver pour faire vôtre les concepts et les techniques de ce programme dans vos activités de tous les jours. Il vous donnera aussi un sentiment de responsabilité vis-à-vis de quelqu'un que vous respectez.

Réponses de l'auteur aux études de cas

CAS 1 (page 43). *Acheter et vendre*

L'objectif de Julien est de vendre sa voiture actuelle à un prix suffisant pour en financer une nouvelle. Il veut 20 000 F mais il sait que le garagiste ne lui donnera que 12 000 F. Il a besoin de 15 000 F pour fiancer la nouvelle voiture. On peut donc raisonnablement estimer qu'il se contentera de 15 000 F.

Anne a pour objectif d'acheter une bonne voiture d'occasion à moins de 18 000 F pour sa fille. Elle veut garder une petite réserve pour les réparations et aussi pour acheter des pneus neige.

Selon toute vraisemblance, les points de conflit entre Julien et Anne seront le prix et l'équipement inclus dans la voiture. Julien tire sa force du fait d'avoir une voiture en bon état, qui plaît à la fille d'Anne et qui est dans les prix d'Anne ; la voiture de Julien plaira aussi aux autres acheteurs, et cela lui donne une force supplémentaire.

La force d'Anne provient de ce qu'elle a un grand choix de voitures d'occasion dans ses prix ; elle vient aussi de ce que le temps compte beaucoup pour Julien alors qu'Anne dispose de trois mois pour faire son achat.

Les points de compromis possibles comprennent le prix, savoir si oui ou non les pneus neige et/ou la stéréo seront inclus, et ce qu'on peut faire pour les réparations mineures.

Il existe beaucoup de variantes possibles et les deux parties doivent bien y réfléchir avant d'entamer les négociations.

CAS 2 (page 47). *Pourquoi Robert gagne-t-il plus qu'Alain ?*

Robert convainc le client d'acheter le produit en lui montrant d'abord comment ils satisfera à ses besoins. Une fois que l'acheteur a cette certitude, le prix devient moins important. Pour l'acheteur, choisir un autre produit ou un autre vendeur peut impliquer qu'il prend un risque sur la satisfaction de son besoin. Si Robert ne propose pas de remise, beaucoup d'acheteurs paieront le prix marqué ; il a toujours le temps de faire un prix s'il le faut. En conséquence, les visées élevées de Robert paient. Il oblige le client à se battre pour obtenir les concessions. Celles-ci ne lui coûtent pas grand-chose, mais elles font plaisir aux clients quand ils arrivent à en décrocher une. Robert gagne plus parce qu'il vend au moins autant qu'Alain et à un prix nettement plus élevé.

Bibliographie : ouvrages conseillés
dans la même collection

AYEZ UNE ATTITUDE POSITIVE
Le secret de ceux qui réussissent tout.

Comment avoir cette attitude positive qui attire toutes les sympathies et les amitiés professionnelles et personnelles ? Comment acquérir des ressources d'énergie insoupçonnées ? Comment communiquer son enthousiasme aux autres et savoir négocier en toute occasion ?

Les gagnants sont toujours ceux qui savent retrouver très vite leur attitude positive après un échec, car celle-ci constitue l'atout majeur pour réussir et il ne dépend que de vous de posséder cet avantage aussi décisif que les compétences.

Cet ouvrage qui est un best-seller (1 000 000 d'exemplaires vendus) vous explique les secrets d'une attitude positive et les huit techniques pour la créer et l'entretenir.

Les questionnaires et les tests vous permettent de suivre vos progrès, les exercices et les études de cas vous apporteront la maîtrise des techniques exposées.

E. Chapman

LES SECRETS DE LA VENTE
Devenez un vendeur efficace.

Mais qu'ont-ils donc de plus que vous ces grands vendeurs qui réalisent des chiffres d'affaires extraordinaires, qui remportent les plus beaux marchés, qui font du business même en période de récession et qui finalement gagnent beaucoup d'argent ?

Il possèdent tout simplement de **précieux secrets** que vous devez impérativement connaître pour réussir dans la vente et qui vous sont dévoilés dans ce manuel d'auto-formation.

A l'aide de **tests et de questionnaires précis**, vous allez enfin découvrir de nouvelles potentialités en vous et réveiller le vendeur qui sommeille en chacun. Ce livre fourmille d'idées pratiques qui produiront comme effet d'accroître de façon significative votre chiffre d'affaires.

E. Chapman

Collection
50 minutes pour réussir

« J'écoute et j'oublie, je lis et je me souviens, je fais et je comprends »
Proverbe chinois

La Collection **50 Minutes Pour Réussir** est profondément originale et ne peut se comparer à aucune autre. Elle diffère sur un point important ; chaque livre n'est pas un livre à lire, c'est un livre à utiliser.

Leur présentation, les nombreux questionnaires, les tests encouragent le lecteur à s'impliquer et à appliquer immédiatement les connaissances acquises.

Rédigés d'une manière simple et progressive, ils sont conçus pour être lus en 50 minutes. Cette promesse très forte et son concept pédagogique efficace font de cette collection un succès mondial. Traduit en 17 langues, les ventes représentent plusieurs millions d'exemplaires à travers le monde.

Les ouvrages de la Collection **50 Minutes Pour Réussir** peuvent être utilisés de différentes manières :

⇨ **Perfectionnement individuel** : comme il s'agit d'une méthode d'auto-formation, tout ce dont vous avez besoin c'est d'un endroit tranquille, 50 minutes de votre temps et d'un crayon.

⇨ **Ateliers et séminaires** : pour une lecture préalable qui permet à chacun d'assimiler les bases et renforcer la qualité de la participation avec un gain de temps appréciable. Il peut également être distribué en début de cession et permettre aux participants de travailler avec, tout au long de la séance.

⇨ **Formation à distance** : les ouvrages peuvent être envoyés à ceux qui n'ont pas la possibilité de participer aux sessions de formation « maison ».

En fait, tout dépend des objectifs, du programme et de l'imagination de l'utilisateur.

Mais une chose est sûre : après avoir lu une méthode 50 minutes Pour Réussir, vous la reprendrez, encore et encore.

50 MINUTES POUR REUSSIR

Imprimé en France
Dépôt légal : mai 1995
ISBN : 2-87845-248-8

50-3670-2

Imprimerie Durand
28600 Luisant